COSE DA FARE MENTRE FAI LA CACCA

A NATALE

(come fuggire momentaneamente
dai parenti con la scusa di
dover andare in bagno)

Benvenuti a **"Cose da fare mentre fai la Cacca a Natale"**, un libro che offre una prospettiva unica su uno dei momenti più personali della giornata: la pausa toilette.

Mentre molti di noi considerano questo momento come un momento di solitudine e silenzio, abbiamo deciso di trasformarlo in un'occasione per il divertimento e il relax... e soprattutto di evasione dalle noiose chiacchierate con parenti mai visti in occasione delle festività Natalizie!

Questo libro propone una raccolta di giochi creativi e divertenti da fare mentre ci si trova sul "trono di casa propria" : troverai una vasta gamma di giochi di memoria e non per rendere la tua pausa toilette ancora più piacevole e divertente. Ogni gioco è stato pensato per essere veloce, coinvolgente e adatto per concentrarsi e rilassarsi, allenando al tempo stesso la memoria.

Preparati a scoprire un nuovo modo di goderti il tuo tempo nel bagno con **"Cose da fare mentre fai la Cacca a Natale"**.

Buon divertimento!

TROVA LE DIFFERENZE

Il gioco "Trova le differenze" è un classico intramontabile che mette alla prova la tua osservazione e concentrazione.

Ti vengono presentate due immagini che sembrano in tutto e per tutto identiche, ma in realtà ci sono delle piccole differenze nascoste tra di loro.

Il tuo obiettivo è individuare queste differenze il più rapidamente possibile. Per ogni immagine proposta di seguito ci saranno ben **sei differenze** da individuare

Trova le differenze è un modo divertente per allenare il tuo occhio attento e migliorare la tua percezione visiva.

25

25

LABIRINTI

Il gioco dei labirinti è un'attività intrigante che mette alla prova la tua capacità di risoluzione dei problemi.

Ti trovi di fronte a un intricato labirinto con un punto di partenza e un punto di arrivo, e il tuo obiettivo è trovare il percorso corretto per raggiungere la meta.
La sfida consiste nel trovare il percorso giusto, evitando gli ostacoli e le trappole lungo il percorso.

I labirinti possono variare in complessità, dalle versioni semplici per i principianti a quelli più intricati per i veri appassionati.

I labirinti offrono un divertimento stimolante che ti tiene impegnato mentre cerchi di trovare la via d'uscita.

PAROLE NASCOSTE

Il gioco delle parole nascoste è un modo divertente per mettere alla prova le tue abilità linguistiche e di osservazione.

Ti viene presentata una griglia di lettere, all'interno della quale sono nascoste diverse parole.
Il tuo obiettivo è individuare queste parole cercando di collegare le lettere corrispondenti in orizzontale, verticale o diagonale.
Le parole possono essere disposte in avanti, all'indietro o in modo incrociato, aumentando la sfida del gioco.
Con ogni parola trovata, la gratificazione cresce e la voglia di cercare altre parole nascoste si intensifica.

Il gioco delle parole nascoste è un passatempo stimolante che ti permette di allenare il tuo vocabolario e la tua capacità di osservazione, mentre ti diverti alla ricerca di parole in un labirinto di lettere.

SOTTO L'ALBERO

C	O	M	E	T	A	U	O	L	O
J	M	Z	D	E	C	O	R	I	A
A	B	E	T	E	E	Q	L	I	M
G	W	J	R	E	G	A	L	O	D
F	E	S	T	O	N	I	M	X	M
E	U	P	R	E	S	E	P	E	I
H	J	N	A	D	D	O	B	B	I
I	Q	O	L	U	C	I	C	Y	G
P	A	L	L	I	N	E	H	Q	P
M	Z	O	M	S	T	E	L	L	A

- **abete**
- **regalo**
- **festoni**
- **addobbi**
- **palline**
- **cometa**
- **luci**
- **presepe**
- **stella**
- **decori**

LECCORNIE FESTIVE

D	T	O	R	T	E	L	L	I	N	I	R	S	H
A	I	R	Z	W	B	Z	A	M	P	O	N	E	G
G	P	K	P	I	P	A	N	E	T	T	O	N	E
P	N	L	E	N	T	I	C	C	H	I	E	J	X
F	R	U	T	T	A	S	E	C	C	A	A	I	P
C	C	F	O	O	C	O	T	E	C	H	I	N	O
Q	S	A	L	M	O	N	E	U	Y	F	Q	A	X
F	A	R	A	O	N	A	S	G	T	K	J	A	K
M	B	O	A	N	T	I	P	A	S	T	I	E	N
Z	I	N	S	A	L	A	T	A	R	U	S	S	A
B	A	C	C	A	L	A	V	O	N	G	O	L	E
A	I	R	D	S	P	A	G	H	E	T	T	I	J
P	A	N	D	O	R	O	T	O	R	R	O	N	E
F	T	A	R	T	I	N	E	O	J	H	B	E	T

- **tortellini**
- **panettone**
- **zampone**
- **pandoro**
- **cotechino**
- **insalata russa**
- **spaghetti**
- **vongole**
- **faraona**
- **baccalà**
- **tartine**
- **salmone**
- **lenticchie**
- **antipasti**
- **frutta secca**
- **torrone**

IL PRESEPE

T	S	C	F	J	Z	E	R	E	C	E	H	E	L
E	K	A	M	A	R	I	A	E	J	R	R	J	E
K	P	V	C	S	G	P	Z	A	M	K	H	H	G
I	A	R	O	S	T	E	E	X	L	A	T	H	E
P	S	P	C	H	T	A	C	K	D	B	G	R	S
E	T	X	Q	I	R	O	C	C	E	O	E	I	U
C	O	G	I	U	S	E	P	P	E	O	N	R	I
O	R	N	P	E	S	C	A	T	O	R	E	L	I
R	E	X	Z	G	M	C	A	S	C	A	T	A	C
E	L	H	E	O	F	I	U	M	E	L	V	S	R
L	L	W	M	C	A	C	C	I	A	T	O	R	E
L	I	I	Q	W	I	N	E	V	E	E	K	M	W
E	F	R	U	T	T	I	V	E	N	D	O	L	O
F	S	T	E	L	L	A	C	O	M	E	T	A	B

- **Re Magi**
- **pastorelli**
- **stella cometa**
- **Gesù**
- **Maria**
- **Giuseppe**
- **pecorelle**
- **oste**
- **cacciatore**
- **fruttivendolo**
- **pescatore**
- **alberi**
- **rocce**
- **neve**
- **cascata**
- **fiume**

SUDOKU

Il gioco del Sudoku è un rompicapo logico che mette alla prova la tua capacità di ragionamento e di risoluzione dei problemi.

È composto da una griglia suddivisa in sotto-griglie.
Alcune delle celle sono già riempite con numeri, mentre altre sono vuote.
L'obiettivo è completare la griglia in modo che ogni riga, colonna e sotto-griglia contenga tutti i numeri da 1 a 9, senza ripetizioni.
La chiave per risolvere il Sudoku è l'analisi logica e la deduzione, cercando di trovare la combinazione corretta di numeri che soddisfi le regole del gioco.

Il Sudoku offre un'esperienza mentale stimolante e gratificante, con diverse difficoltà per adattarsi alle tue abilità e sfidarti sempre di più.

SUDOKU

	2	4	
			1
3	4	1	
2		3	

4	3	1	
		3	
3		2	
	2	4	3

3			2
1		2	
4	2		1

1		3	4
4		1	2
2		4	
3			

4	3	2	
1		3	
3	4	1	2
	1	4	

4		6		2	3
6		3	2		4
3		5	4	1	2
	4	1	3		
1	3		5	4	
5	2		6		1

				6	3
5		3	1		2
3		2			1
6	5		3		
	3	6	4		
4				3	

			3	4	1
	1	4	6	5	
1		5	4	3	
			1		5
2	3			6	
			2	1	

		4	1		5
		5		6	
5					1
3		1		4	6
6	5	3		1	2
			6	5	

1	5		3		
		4		5	
5	4	6			1
2	1	3		4	6
	2	5	6	1	
			4	2	

		9						5
	2	1	5		4		8	
5			6	3	7	2		
			7			9	5	3
9		3	8		5	7		1
		5	3	1		8		
			2		1	3		6
6		8		5	3		7	
	3	2	9				4	

9	8				7	5	6	4
7		3	6		4	2		
6			2					7
					8		2	
	2			5		4		
			4	2		8		
	9	8	5		6		3	2
		4			1		9	5
			9				4	

7		5						3
					4	8		
	4		3		6	5		7
	9		6			1		8
1		7		5	9			
	6	2				7		
	5		7	6			1	
	7	4		3	1	9	8	5
8		1	9			2	7	6

4	1	7	8				5	
3			2			9		
	9	2	1				3	4
	4	1		2			6	
9	7	3	6		1		4	
2		8		4	3			7
7		5		9		4	1	6
6			4					
1	3	4		6		5		

4	8		5		7			
2		1			8		7	3
					1	2	4	8
9		4		6		7	1	
		7	2		9			
	1	6				3		9
6	5		7		4		8	
1		8	9	5	6	4	3	
3	4	9	1			6	5	

ANAGRAMMI

Il gioco degli anagrammi è un modo divertente per mettere alla prova le tue abilità linguistiche e il tuo pensiero creativo.

Ti viene presentata una frase e il tuo obiettivo è riorganizzare le lettere in modo da formare nuove parole.

Puoi mescolare le lettere, crearne di nuove e cercare di trovare il maggior numero di combinazioni possibili.

L'anagrammare le frasi richiede attenzione, pensiero laterale e una buona conoscenza delle parole e delle loro possibili combinazioni.

È un gioco stimolante che ti permette di esercitare la tua mente e scoprire nuove parole in modo divertente e creativo.

Il Natale è un giorno magico

Voglio i miei regali di Natale

Non mi piace il panettone

No zia, non voglio avere figli

A Natale siamo tutti più buoni

CRITTOGRAMMI

Il gioco dei crittogrammi è un'emozionante sfida di abilità verbale e di pensiero rapido.

Ti vengono presentate una serie di lettere mescolate e il tuo obiettivo è trovare tutte le parole che possono essere formate riorganizzando quelle lettere.
Devi mettere le lettere al posto giusto per creare parole valide.

Questo gioco mette alla prova la tua conoscenza delle parole e delle loro combinazioni, nonché la tua capacità di pensare in modo rapido e strategico.

È una sfida coinvolgente che ti tiene impegnato mentre cerchi di trovare il maggior numero di parole possibili entro il tempo limite.

EPNACO ONU ISRIAIG RE OMO

MPILE OCNNOAIT PON IRO
EIA DLOA C

ALO TUO OLAGER IM PIECNI

PELORI EVOL I PREPERSIET
ORL TNOEO PSRE

OLI DASOVRRE PTESOCAIRL

GINO LOTTOVA ROLI

CIME IPAL ILPCESE

CAMINOTILO SAIPSH

ALIENDO OLITAE

PAROLA INTRUSA

Il gioco della "Parola Intrusa" è un divertente passatempo che mette alla prova le tue abilità di osservazione e di conoscenza delle parole.

L'obiettivo del gioco è scovare la parola che non appartiene al resto dell'elenco.

Verrà presentato un gruppo di parole, tutte collegate da un tema o una caratteristica comune, ad eccezione di una. Sarà tuo compito analizzare attentamente le parole e identificare quella che non ha nulla in comune con le altre.

- **Babbo Natale**
- **Regali**
- **Ombrellone**
- **Albero di Natale**
- **Presepe**
- **Luci**

- **Camino**
- **Dolci natalizi**
- **Ghirlanda**
- **Pallone**
- **Babbo Natale**
- **Renne**

- **Neve**
- **Caramelle**
- **Zampognari**
- **Stella di Natale**
- **Panettone**
- **Cassapanca**

- **Pandoro**
- **Magia**
- **Pace**
- **Primavera**
- **Famiglia**
- **Feste**

- **Auguri**
- **Canzoni di Natale**
- **Limonata**
- **Calze della Befana**
- **Biscotti natalizi**
- **Vischio**
- **Pan di Zenzero**

- **Pupazzo di neve**
- **Cenone**
- **Chiesa**
- **Ghiacciolo**
- **Preghiere**
- **Tradizioni**

QUIZ NATALIZI

Nella sezione dedicata ai Quiz Natalizi di questo libro, gli appassionati del Natale potranno mettere alla prova la loro conoscenza e divertirsi con una serie di domande e risposte a tema natalizio.

Dalle tradizioni alle canzoni, passando per i personaggi e i simboli più iconici, i lettori avranno l'opportunità di testare le loro competenze e imparare nuove curiosità sul Natale.

QUIZ 1: TRADIZIONI NATALIZIE

- **In quale paese si dice che Babbo Natale vive nella Lapponia finlandese?**

- **Qual è il nome della renna dal naso rosso che guida la slitta di Babbo Natale?**

- **Qual è il giorno in cui si celebra il Natale?**

- **Qual è il colore tradizionale dell'agrifoglio natalizio?**

- **Qual è il famoso balletto natalizio che racconta la storia di Clara e il suo principe?**

QUIZ 2: CANZONI DI NATALE

- **Come inizia la canzone "Jingle Bells"?**

- **Qual è il titolo della famosa canzone in cui si desidera "buon Natale a tutti"?**

- **Chi ha cantato la famosa canzone "Last Christmas"?**

- **Qual è il titolo della canzone in cui si chiede a Babbo Natale di portare doni?**

- **Qual è il titolo della canzone che inizia con le parole "Silent night, holy night"?**

QUIZ 3: CIBO NATALIZIO

- **Qual è il dolce natalizio italiano a forma di stella?**

- **Qual è la bevanda calda tradizionale del Natale che spesso viene aromatizzata con cannella?**

- **Qual è il cibo tipico natalizio in Inghilterra che contiene frutta secca e spezie?**

- **Qual è il nome del dolce natalizio tedesco fatto con pan di zenzero?**

- **Qual è il pesce tradizionale consumato nella vigilia di Natale in molti paesi mediterranei?**

HASHI

Hashi è un famoso puzzle logico con regole semplici e stimolanti soluzioni.

Hashi si gioca in una griglia rettangolare che non ha dimensioni standard. Alcune celle contengono i numeri da 1 a 8 incluso; queste vengono definite "isole". Il resto della griglia è vuoto.
L'obiettivo è connettere tutte le isole in un unico, singolo gruppo disegnando una serie di "ponti" (bridges) tra le isole.
I ponti dovranno cominciare e finire in isole distinte, e poi dovranno essere formati da una linea dritta; non devono passare attraverso altri ponti o altre isole.

I ponti possono solo essere ortogonali tra loro; al massimo due ponti, cioè due linee dritte, possono connettere un paio di isole tra loro, e il numero di ponti che parte da ogni singola isola deve corrispondere al numero scritto su quell'isola.

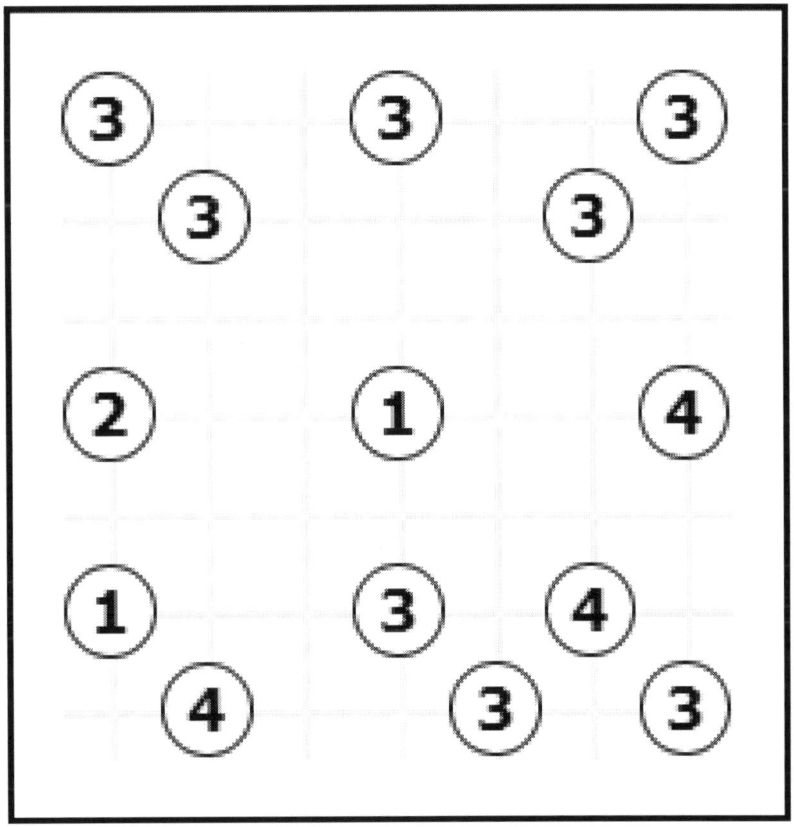
3 3 3
3 3
2 1 4
1 3 4
4 3 3

2		5		3		
						2
2		4				
	2					
1		1				
	4			5		3

	1		2			3
2						
	3					5
6				2		
3						3

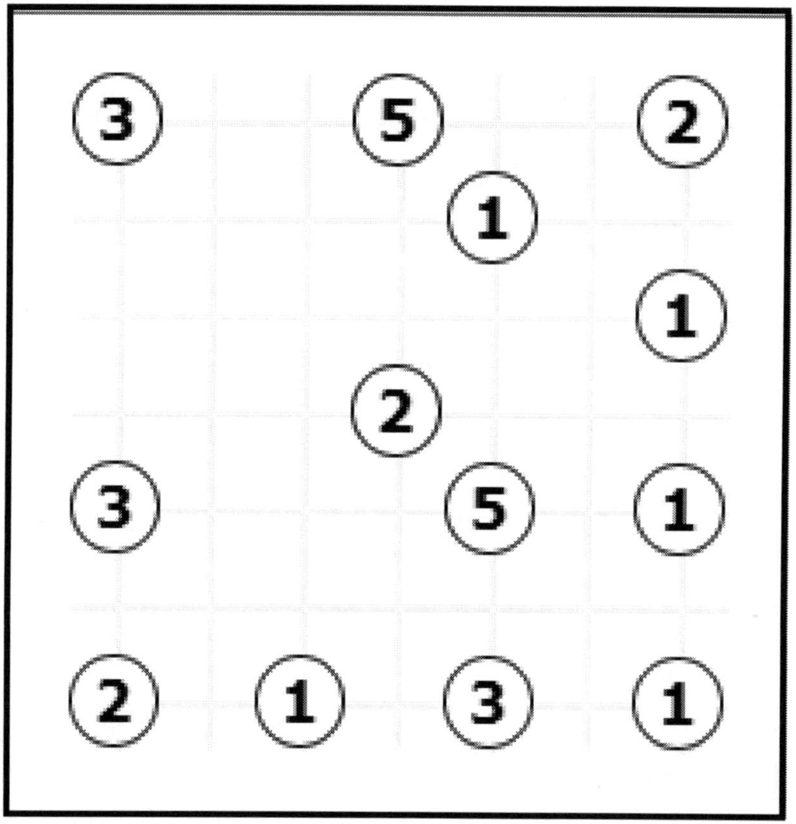
3 5 2
1
1
2
3 5 1
2 1 3 1

		2				3
2			4		3	
	2					
					2	
	4		3		1	
2						2

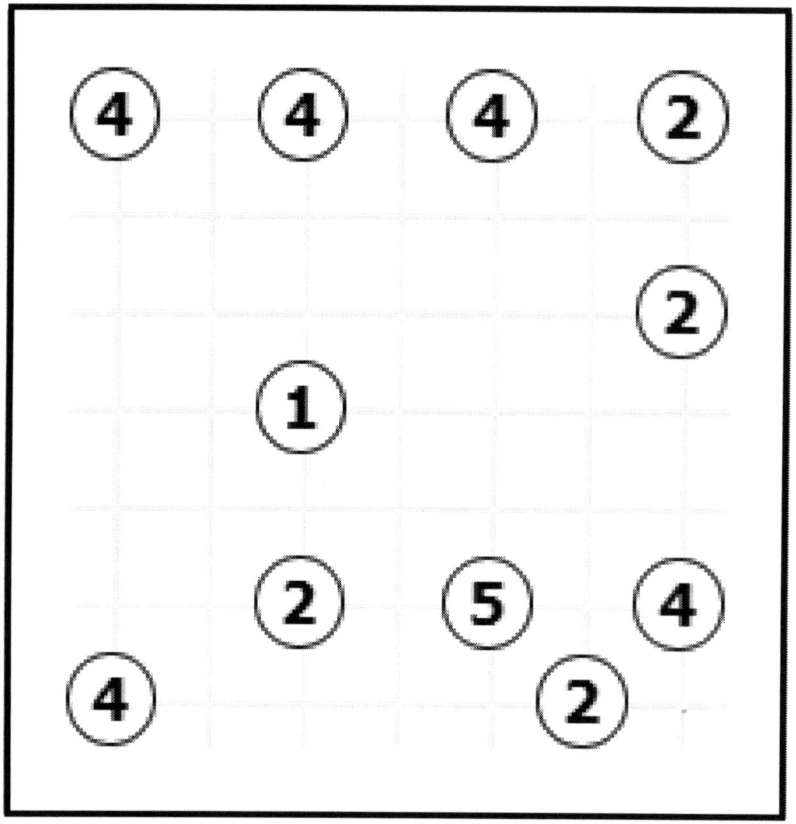
4 4 4 2
2
1
2 5 4
4 2

	1					2			1
1									
							4		4
4						3			3
							2		
	2		4			4			3
4		2							

CRUCIVERBA

Il cruciverba è un gioco di parole incrociate che mette alla prova la ricchezza del tuo lessico ed il tuo vocabolario.

Consiste in una griglia di caselle bianche con alcune definizioni orizzontali e verticali da indovinare.
Il tuo obiettivo è riempire la griglia con parole corrette che si intersecano tra loro.

Ogni parola che inserisci deve corrispondere alle definizioni date e si deve adattare agli spazi disponibili.

1
2
3
4
5
6
7

Orizzontali

3. Il dolce natalizio a forma di bastone
5. Il colore tradizionale dell'abito di Babbo Natale
6. Il luogo di nascita di Gesù
7. Cosa appendi all'albero di Natale come decorazione?

Verticali

1. Cosa porta Babbo Natale in giro per consegnare i regali?
2. Il mese in cui cade Natale.
4. Lo è la stella del Presepe

1
2
3
4
5
6
7
8

Orizzontali

2. Il canto che annuncia la nascita di Gesù
3. Il segno zodiacale associato a Natale
7. Il giorno prima di Natale
8. Piccolo ometto di neve

Verticali

1. Si trovavano davanti alla grotta di Betlemme
4. Si mangia a Capodanno
5. Il nome della mamma di Gesù
6. La Befana la riempie il 6 Gennaio

1
2
3
4
6
7
8
9
10
11
12
13
14
15

Orizzontali

3. Albero che viene addobbato per Natale
4. Si mette in cima all'albero
6. Lo è quello di Natale
8. Svolazzano sulla grotta di Betlemme
11. Decorano la tavola a Natale
12. Scatola che contiene un regalo
13. La canzone più famosa di Natale
14. Guidano la slitta di Babbo Natale
15. Il colore tradizionale del Natale

Verticali

1. Personaggi della Natività rappresentati con una Corona
2. Una bevanda natalizia fatta con uova e zucchero
4. Dolce tradizionale natalizio
7. Si usa per segnare i giorni dell'Avvento
9. Paese in cui vive Babbo Natale
10. Decorazioni natalizie

MINI MANDALA

In questa sezione del libro troverai meravigliosi mandala da colorare, disegni intricati e simmetrici che ti permetteranno di rilassarti e concentrarti.

Ogni mandala è stato attentamente progettato per offrirti un'esperienza di colorazione meditativa e creativa.

Scegli i colori che più ti ispirano e lascia che le tue mani si muovano liberamente sulla pagina, creando bellissimi pattern e combinazioni.

Concediti un momento di tranquillità e esplora la tua creatività mentre ti immergi nella bellezza e nell'armonia di queste opere d'arte.

soluzioni sudoku

4	3	1	2
2	1	3	4
3	4	2	1
1	2	4	3

1	2	4	3
4	3	2	1
3	4	1	2
2	1	3	4

2	4	1	3
3	1	4	2
1	3	2	4
4	2	3	1

1	2	3	4
4	3	1	2
2	1	4	3
3	4	2	1

4	3	2	1
1	2	3	4
3	4	1	2
2	1	4	3

4	5	6	1	2	3
6	1	3	2	5	4
3	6	5	4	1	2
2	4	1	3	6	5
1	3	2	5	4	6
5	2	4	6	3	1

1	2	4	5	6	3
5	6	3	1	4	2
3	4	2	6	5	1
6	5	1	3	2	4
2	3	6	4	1	5
4	1	5	2	3	6

6	5	2	3	4	1
3	1	4	6	5	2
1	2	5	4	3	6
4	6	3	1	2	5
2	3	1	5	6	4
5	4	6	2	1	3

2	6	4	1	3	5
1	3	5	2	6	4
5	4	6	3	2	1
3	2	1	5	4	6
6	5	3	4	1	2
4	1	2	6	5	3

1	5	2	3	6	4
6	3	4	1	5	2
5	4	6	2	3	1
2	1	3	5	4	6
4	2	5	6	1	3
3	6	1	4	2	5

1	5	2	3	6	4
6	3	4	1	5	2
5	4	6	2	3	1
2	1	3	5	4	6
4	2	5	6	1	3
3	6	1	4	2	5

7	6	9	1	2	8	4	3	5
3	2	1	5	9	4	6	8	7
5	8	4	6	3	7	2	1	9
8	1	6	7	4	2	9	5	3
9	4	3	8	6	5	7	2	1
2	7	5	3	1	9	8	6	4
4	5	7	2	8	1	3	9	6
6	9	8	4	5	3	1	7	2
1	3	2	9	7	6	5	4	8

9	8	2	3	1	7	5	6	4
7	5	3	6	8	4	2	1	9
6	4	1	2	9	5	3	8	7
4	1	5	7	6	8	9	2	3
8	2	9	1	5	3	4	7	6
3	6	7	4	2	9	8	5	1
1	9	8	5	4	6	7	3	2
2	3	4	8	7	1	6	9	5
5	7	6	9	3	2	1	4	8

4	1	7	8	3	9	6	5	2
3	5	6	2	7	4	9	8	1
8	9	2	1	5	6	7	3	4
5	4	1	9	2	7	3	6	8
9	7	3	6	8	1	2	4	5
2	6	8	5	4	3	1	9	7
7	8	5	3	9	2	4	1	6
6	2	9	4	1	5	8	7	3
1	3	4	7	6	8	5	2	9

4	8	3	5	2	7	1	9	6
2	9	1	6	4	8	5	7	3
7	6	5	3	9	1	2	4	8
9	2	4	8	6	3	7	1	5
5	3	7	2	1	9	8	6	4
8	1	6	4	7	5	3	2	9
6	5	2	7	3	4	9	8	1
1	7	8	9	5	6	4	3	2
3	4	9	1	8	2	6	5	7

soluzioni cruciverba

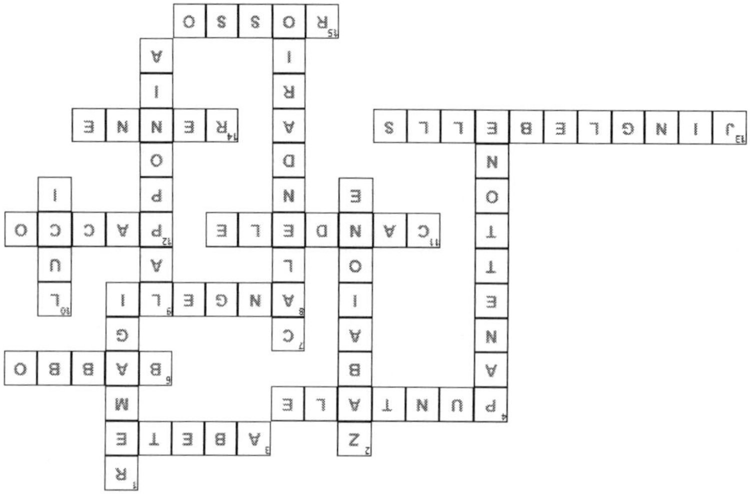

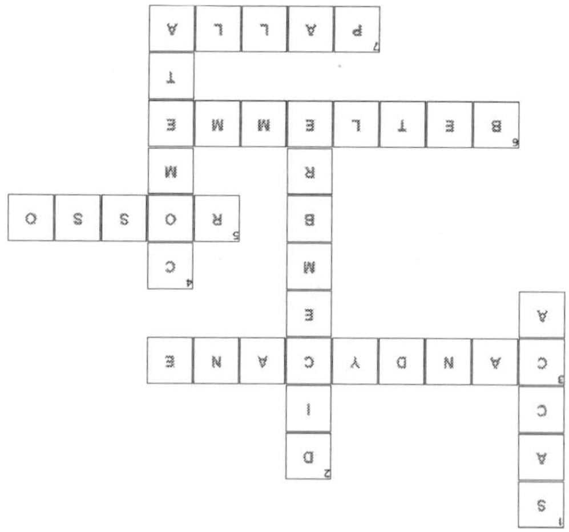

Grazie infinite per averci accompagnato in questo viaggio di giochi e quiz! Speriamo che tu ti sia divertito a mettere alla prova le tue conoscenze ed a rilassarti insieme a noi mentre fai la cacca!

È stato un vero piacere condividere con te il mondo dei giochi e delle curiosità... e soprattutto ti abbiamo fornito un validissimo motivo per isolarti da amici e parenti ed una scusa costruttiva per chiuderti in bagno!

Ci auguriamo che il nostro libro abbia contribuito a rendere la tua cacca un momento di liberazione, di divertimento e di apprendimento. Grazie ancora per aver scelto di giocare con noi e ti auguriamo tanti altri avvincenti e stimolanti giochi nel futuro!

Se il nostro libro ti è piaciuto, lasciaci una recensione su Amazon!

Printed by Amazon Italia Logistica S.r.l.
Torrazza Piemonte (TO), Italy